經典
少年遊

015

# 清高宗乾隆

# 盛世的十全老人

## Ch'ien-lung
### The Great Emperor of the Golden Age

繪本

故事◎李光福

繪圖◎唐克杰

乾隆從小就受到祖父康熙皇帝的寵愛。「我找人教你讀書，你要認真學習喔！你還要用心學射箭、學火器，做個文武雙全的人。」乾隆點著頭。看到乾隆這麼聽話，康熙開懷笑了。

乾隆十七歲時，娶富察氏為妻，也就是日後的孝賢純皇后，他們的感情非常好。由於乾隆處事很有原則，父親雍正時常讓他幫忙處理國家大事。他在政治方面的能力，逐漸得到父親的信任。

4

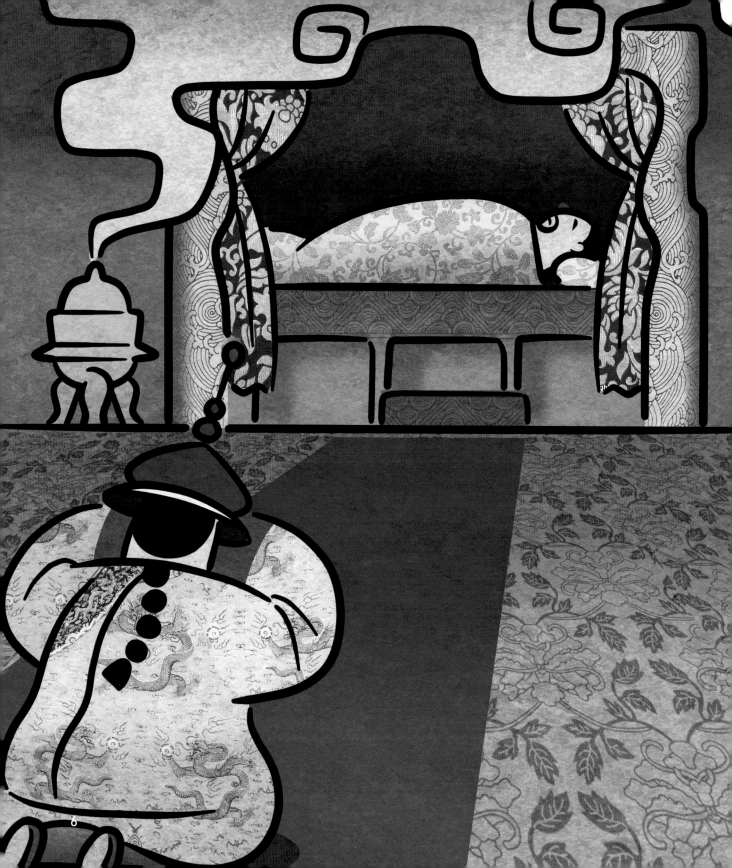

後來，雍正皇帝生病去世。
不久後，乾隆在太和殿即位，
下詔隔年為乾隆元年。

乾隆即位後，延續祖父和父親的盛世，時常到各地探訪民情，大力賑災。來到災情嚴重的地方，他總會說：「我會派人送白米給你們。未來這一年，你們就不用繳稅了。」災區百姓聽了，感激的高呼：「謝皇上隆恩。」

當時，在四川、貴州等偏遠地區，許多地方官會互相殘殺，造成動亂，讓百姓不得安寧。為了消弭作亂的地方官，乾隆改派有一定任期的政府官員去管理，以安定百姓的生活。

乾隆自小飽讀詩書，作詩多達四萬首。下屬立功，或是餐敘時，他總喜歡寫詩相贈。紫禁城宮殿內大多數的匾額、楹聯，都出於他的御筆。

有一次，乾隆對兒子永瑢說：
「我決定設立『四庫全書館』，
由你負責著手編纂。」

永瑢受命後，找了三千六百多人參與編纂，三千八百多人抄寫，經過九年，終於編成當時世上最龐大的百科全書——《四庫全書》。

編纂《四庫全書》期間，為了消滅明朝思想，乾隆下令焚毀許多書籍。同時，為了控制漢人的思想，以及嚴禁漢人反清思想的傳播，他更大興文字獄，讓很多文人入獄、被處死。清朝可說是中國歷史上文字獄最嚴重的朝代。

16

有人勸乾隆停止文字獄。乾隆說：「我從不以語言、文字定人的罪！」暗中卻追查散布對他不利言論的人，他在位期間，共發生一百多件的文字獄事件。

乾隆即位第七年，朝鮮人違法越過清朝國境，乾隆並沒有將他定罪，朝鮮王李昑前來致謝。乾隆說：「這是我對偏遠國家人民的恩德。但若是違法者越來越多，我就無法再寬待他們。你要嚴加約束他們，不要再違法了。」

21

乾隆同時也平定了邊疆的動亂。還派兵攻打準噶爾，西域天山南北全都歸入大清的版圖，後來稱為「新疆」。乾隆在位時，是清朝版圖最鼎盛的時期。

準噶爾勒

後來， 西藏被廓爾喀人入侵，
乾隆命大臣帶兵去增援。
廓爾喀打了敗仗， 向清朝求和，
承諾永遠不再侵犯西藏。

24

並且派使者到北京向清朝朝覲，
成了清朝的屬國，
西藏的軍事、政治得以安定。

之後，乾隆變得好大喜功。他長年征戰、浮濫賑災。他還六次下江南，動員千百名官員，建造宮殿樓閣，清朝由此衰敗。

不久，甘肅發生一件地方官員以賑災為名義，卻私吞糧食，肆意侵占的大案件，牽連了一百多名官員。乾隆查明之後，怒不可遏，下令說：「來人啊！將這些貪汙的人斬首！」

29

同一年，甘肅的撒拉族人蘇四十三，因不滿甘肅的官員貪汙舞弊，欺壓百姓，於是率兵起義。乾隆派多名官員帶十幾萬軍隊到甘肅支援。經過七十多天，蘇四十三被殺，這場事件才平定。

後來，雲貴總督李侍堯貪汙，乾隆命和珅去查辦。由於和珅辦案有功，乾隆對他十分信賴，和珅因此握有大權。和珅十分貪心，他從人民與國庫搜刮來的錢財讓他變成了當時最有錢的人。

此時，英國派大使到中國，大使單膝下跪見乾隆。乾隆不悅的說：「你要用三跪九叩的方式。」

英國大使說：「我只能用單膝下跪的方式表達我的敬意。」雙方爭了很久，後來還是採單膝下跪，乾隆真是氣壞了！

乾隆認為自己表現不凡，選了在位時的十件用兵大事，撰寫了《十全武功記》，自稱為「十全老人」，命人雕刻在石碑上。

嘉慶元年，皇太子永琰即位為嘉慶皇帝，尊稱乾隆為太上皇帝。乾隆說：「雖然永琰已經繼位，但軍國大事仍由我決定，各項大事的裁決、降旨下詔，繼續使用我的年號。」這種情形，一共持續了四年之久。

嘉慶四年，
乾隆去世，
享年八十九歲，
是中國史上
最長壽的皇帝。
當初乾隆即位時，
曾發下在位時間
不超越康熙的誓言。
但是他傳位給嘉慶後，
卻仍掌握實權四年。
直到乾隆去世，
嘉慶皇帝才真正執掌大權。

**清高宗乾隆**

# 盛世的十全老人

讀本

原典解說◎李光福

# 將清朝國力帶向鼎盛的乾隆，在他的一生中，關係最密切的人有哪些呢？

TOP PHOTO

乾隆（1711～1799年），原名愛新覺羅弘曆。「乾隆」的意思是「天道昌隆」。他二十五歲登基，當了六十年皇帝外加四年太上皇，是中國歷史上執政最久、壽命最長的皇帝。他的文治武功都很卓越，自號「十全老人」，將清朝盛世推上了最高峰。

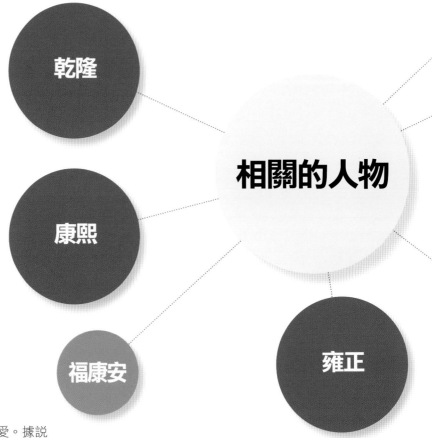

乾隆

康熙

福康安

相關的人物

雍正

康熙是乾隆的祖父，原名愛新覺羅玄燁，是清朝盛世的重要開創者，也是中國歷史上在位時間最長的皇帝。乾隆小時候，康熙就親自指導孫子讀書，對他期許很高，還有人暗中推測，康熙傳位給雍正，實際上是希望孫子當皇帝。而乾隆終其一生，對祖父都非常尊敬。

福康安是乾隆的姪子，受到乾隆的喜愛。據說他年輕時長得很帥，又會帶兵打仗，臺灣發生林爽文事件的時候，就是福康安率領軍隊來解救被圍的清軍。現在的嘉義公園和隔海的廈門，都還有福康安的記功碑。

雍正是康熙的第四個兒子，乾隆的父親，也就是連續劇中常聽到的「四阿哥」。他事必躬親，個性剛強狠辣，擅長駕馭臣子的帝王術。有人懷疑他竄改了康熙的遺詔，才在激烈的王儲爭奪戰中勝出，此事也成為清朝一大懸案。

**容妃**

乾隆唯一的維吾爾族妃子就是容妃。在野史跟民間文學中，以容妃為範本，創造出了一個香妃的故事。據說香妃天生麗質，身體會自然散發一股異香。有人說，那是因為她從小喝羊奶長大，久而久之所形成的特殊體味。金庸在《書劍恩仇錄》中創造的香香公主喀絲麗，就是以她為藍本。

**和珅**

和珅是乾隆身邊重要的權臣之一，由於長相英俊，精通八種語言，做事精明幹練，很受乾隆寵信，並負責清朝的外交事務。但是他不擇手段的打壓異己，貪汙錢財，經營數百間銀行、當鋪，他的財富超過十一億兩白銀，相當於清朝十五年的稅收總和。結果乾隆一死，和珅就被下一任皇帝給抄家了。

TOP PHOTO

**馬戛爾尼**

喬治‧馬戛爾尼是英國的外交家。身為英國派往中國的特使，也是西歐各國政府首次向中國派出正式使節，他肩負著與乾隆簽訂貿易條約的使命。因為他不肯對乾隆行三跪九叩禮，認為有損大英帝國的尊嚴，於是乾隆斷然拒絕他的請求，談判就失敗了。

# 身為當時全中國權力最高的人，他的關鍵時刻，也是全中國命運盛衰的關鍵時刻。

## 1711 年

乾隆在這一年出生，即位前名叫弘曆，從小就受儲君等級的教育。除了中國經典和儒家學說，他還學詩、學畫、音樂，通數學、騎術、弓箭，大家都說他是天才。他不必像父親一樣，和二十幾位兄弟爭奪皇位，所以能安心成長，雍正一過世便順勢即位。

出生

相關的時間

## 1735 年

皇帝即位第一件事，就是整頓上一任皇帝還沒完成的工作，確定自己的施政方針。乾隆一即位，先加強兵力鎮壓雲貴地區的苗族叛亂，和西北方準噶爾部議和，將雍正過於剛猛的風格變得比較溫和，對曾經爭奪王位的叔伯輩管制放鬆。

登基

皇后去世

## 1748 年

乾隆早年有三件事，為他帶來沉重的傷痛。一次是嫡長子永璉早夭；第二次是七子永琮過世；再來就是皇后富察氏的亡逝。結褵二十二年的妻子過世，儲君的位置又空著，讓乾隆很長一段時間暴躁多疑，暴露他內心脆弱的一面。

## 1751 ～ 1773 年

1751 年，乾隆第一次下江南，正值清朝最富庶強大的時間。這段期間內，乾隆用兵準噶爾，統一回疆，阻止俄國人進入準噶爾部與烏梁海地區，與緬甸交兵，再攻金川，主持《四庫全書》編纂計畫。乾隆治內許多重要的文治武功，都在這個時期完成。右圖為《平定準噶爾回部得勝圖》，描繪清朝平定回部叛亂的場景。

TOP PHOTO

**乾隆盛世**

**四度南巡**

## 1765 年

這一年乾隆五十五歲，隨行帶著皇后烏喇那拉氏，還有貴妃、慶妃、容嬪。抵達杭州之後，皇后卻突然被送返北京，並被收回四份冊寶。雖然她沒有被廢除皇后之位，但是待遇比普通妃嬪還不如。到底在杭州發生了什麼事，就此成為清朝一大懸案。

**由盛轉衰**

TOP PHOTO

**過世**

## 1799 年

乾隆退位後，由嘉慶帝當上了「嗣皇帝」，等於是個皇帝的實習生。乾隆實際上仍透過各種方式，掌握大權。即使跑到避暑山莊度假，鎮壓白蓮教等等軍國大事，依然在他指揮之中。乾隆臨死前，還為了白蓮教的動亂沒有結束，深深感到遺憾。

## 1774 ～ 1795 年

乾隆統治後期，寵信權臣和珅，讓他打壓異己，帶動貪汙風氣，讓政府吏治腐敗，成為乾隆盛世趨向衰落的關鍵因素。與此同時，清朝還發生諸多問題，像是山東王倫叛變、甘肅撒拉族反抗、臺灣林爽文起事，還有屈大均案等多起文字獄，不同程度的消耗了乾隆時期的國力。上圖為《平定臺灣戰圖》中的〈攻克斗六門〉，描繪福康安率領清兵來到斗六平定林爽文事件的經過。

# 乾隆下江南的傳說有真有假，但是他最得意的文治武功，卻是千真萬確。

TOP PHOTO

清朝對官員服飾有嚴格限制，不同品級有不同裝扮。皇帝龍袍以黃色為主，繡有九龍圖案；親王也穿龍袍，但顏色只能是土黃，龍只能是降龍或盤龍。一般官員朝服稱為補服，上面有一塊方形圖案，依照品級繡有各種飛禽走獸。此外，朝服還必須搭配頂戴、翎羽、朝珠等配件，不得任意更改。上圖為乾隆明黃緞繡雲龍朝服，中國絲綢博物館藏。

朝服

相關的事物

景德瓷

祭孔

景德鎮是中國燒造瓷器的重鎮。「景德」之名，源於宋真宗將年號賜給此鎮，並規定瓷器必須刻上底款「景德年製」。從宋朝的青瓷與白瓷，元、明的青花與鬥彩瓷，到清朝無論是產量與藝術性都到達了巔峰。景德瓷除了供應宮廷使用，也大量運銷海外，連英國國王都曾請乾隆派遣專人援建瓷場。

乾隆是一位非常尊敬孔子的皇帝，他曾經十一次到孔子的故鄉曲阜祭拜，還曾親自在孔廟撰寫並立下碑文，表達他對孔子的景仰。他曾出錢大修孔廟，也曾經駕臨孔廟的學宮親自講學，在中國歷代皇帝中稱得上空前絕後。

**四庫全書**

《四庫全書》是中國歷史上最浩大的圖書整理工程，由乾隆下令編纂。費時九年，收書三千五百多種，字數高達八億以上，涵蓋了中國從先秦到清朝幾乎所有的學術領域。但是它也查禁、燒毀了三千多部書籍，竄改了反對滿人統治的文字，是它的一大缺陷。

**文字獄**

清朝統治者是滿人，對漢人排斥滿人的文字很敏感，寫文章的人一不小心，就會因為用錯一個字被殺，生者凌遲，死者戮屍，還要牽連親友。乾隆時代文字獄多達一百三十多起，四十多件案子有人被處死，強烈的壓抑了人們的思想自由。

**大義覺迷**

秀才曾靜受學者呂留良思想的影響，曾經投書控訴雍正十大罪惡。雍正抓了他，「曉以大義」，把曾靜「悔改」的供詞編成《大義覺迷錄》，放了他一馬。乾隆登基後，卻立即誅殺曾靜，焚毀《大義覺迷錄》，以儆效尤。他和父親截然不同的做法，揭示了新朝代新做法的來臨。

**三希堂
法帖**

《三希堂法帖》，全名《御刻三希堂石渠寶笈法帖》，是清朝宮廷編纂的一部大型書法叢帖。乾隆下令梁詩正等人開始編纂，選材包含魏朝鍾繇至明朝董其昌共一百三十五位書法家、三百四十件珍品。其中三件東晉書跡，即王羲之〈快雪時晴帖〉、王珣〈伯遠帖〉和王獻之〈中秋帖〉，均為稀世珍寶，因此取名為三希堂法帖。

# 乾隆的腳步穿梭在紫禁城的大小宮殿中，跟著他，一同體驗皇帝每天的生活滋味。

清朝皇帝們處理政務、生活一輩子的紫禁城，其實是明朝成祖建成的。明末流寇焚毀了一部分，順治入關後才重新整修。乾隆即位後，也曾多次進行大規模整修與擴建，增加了很多單位。現在看到的紫禁城，很多地方都要歸功於乾隆皇帝呢。

座落在北京市東城區的雍和宮，是旅客必遊的景點，當初是康熙為雍正修建的府邸，叫四爺府或禎貝勒府，後稱雍王府。乾隆就出生在王府東書院「如意室」中。宮中屋頂都覆蓋了尊榮的黃琉璃瓦，後來乾隆親自把王府改成藏傳佛教的寺廟。

重華宮是乾隆在當皇子，還未登帝時的住所。乾隆曾在重華宮舉行了一場宴會。當時除了皇帝之外，還有十九位朝廷大臣。這場宴會中不討論政治，而是專門吟詩聯句，舉行文人雅集。當年乾隆也是在此被封為「碩寶親王」的。他的兒子嘉慶帝登基後，也延續了重華宮詩宴的家法。

紫禁城

雍和宮

重華宮

**相關的地方**

養心殿

從康熙皇帝開始，養心殿（左圖）成為皇帝的辦公室。乾隆也不例外，每日上午都在養心殿批閱奏摺，處理重要的國家大事。他事必躬親，會用紅筆在奏摺上寫出給官員的指示，內容保密到家。因為皇帝都在這裡處理事務，所以養心殿也象徵著清朝最高的權力核心。

天壇是明清兩朝帝王祭天，祈求降雨及豐收的地方。天壇興建於明朝永樂年間，主體建築有圜丘，用以舉行祭天大禮；其次是皇穹宇，用以保存祭祀神牌；最後是祈年殿。清朝天壇基本上沿襲明朝的制度，不過乾隆曾經大型修繕已經老舊的祈年殿，直到光緒年間才因火災而又重建。

TOP PHOTO

**天壇**

**三希堂**

三希堂在紫禁城養心殿的西側，是乾隆的書房。地方雖小，收藏珍貴書畫的數量，卻是清宮最多的地方。乾隆每天傍晚，都在這裡讀書寫詩、賞玩書畫、鑑賞文物。乾隆下令編過一部《三希堂法帖》，因為藏有王羲之、王獻之、王珣三件書法中的稀世珍寶而著名。

**海寧**

**武英殿**

位在紫禁城西北的武英殿，自清朝康熙皇帝開始在此設立書局，開始印製書籍。乾隆下令編纂《四庫全書》，各部書籍的抄寫、校對、刊刻人員都在武英殿工作。紀昀編修的武英殿本《四庫全書總目》，也是在這裡完成的。堪稱乾隆時代文化薈萃之處。

清朝的大懸案中，最耐人尋味的一段就是乾隆的身世之謎了。傳說中乾隆其實是漢人之子，父母是浙江海寧的陳世倌夫婦，所以他六下江南，都要特地到海寧陪伴父母。金庸的《書劍恩仇錄》就把這段情節放了進去。當然，這只是小說的情節，不能盡信。

# 乾隆

　　乾隆名弘曆，是雍正皇帝的第四個兒子。他的身材修長，從小就得到祖父康熙皇帝的寵愛，命庶吉士福敏在宮中教他讀書。乾隆聰明過人，只要讀過的文章，就能隨口背誦出來。除此之外，康熙還叫他跟貝勒允禧學射箭、跟莊親王允祿學火器，由此可以看出康熙對乾隆的用心栽培。

　　有一次，康熙和乾隆出外打獵，命侍衛引熊出來給乾隆射擊。乾隆才剛騎上馬背，熊就突然撲了過來。乾隆不但不緊張，還安安穩穩的坐在馬背上，一副自在的樣子。康熙見了，立刻舉鎗將熊射死。進到營帳後，他對太妃說：「這個孩子的命十分貴重，將來他的福一定比禍還多！」

　　雍正皇帝病逝後，便由乾隆即皇帝位，並定年號為乾隆，隔年即為乾隆元年。

　　乾隆即位後，經常到各地視察，僅僅在乾隆元年的一年之內，賑濟了包括臺灣諸羅縣震災、甘肅及四川旱災等各地災情近三十

隆準頎身，聖祖見而鍾愛，令讀書宮中，受學於庶吉士福敏，過目成誦。復學射於貝勒允禧，學火器於莊親王允祿。 ——《清史稿·高宗本紀》

次，免除了十幾個地區的賦稅，以改善災區百姓的生活。此外，乾隆更多次派兵出征新疆和蒙古，將這些地區都納入清朝版圖。

　　乾隆的施政文治武功兼備，除了開疆闢地以外，他在位時期最有名的政績之一，就是下令編纂《四庫全書》。這是中國歷史上規模最大的一套叢書，分為經、史、子、集四部，四十四類，收錄了從先秦到清朝乾隆前期之間，大部份的重要古籍，幾乎涵蓋了古代中國所有的學術領域，包括《論語》《孟子》《大學》《中庸》《禮記》《詩經》《春秋》《說文解字》《史記》《本草綱目》……等經典著作，涵蓋了古代中國幾乎所有學術領域，留下了中國古典文化的豐富文獻。

　　然而，乾隆也想透過《四庫全書》的編訂，箝制漢人的思想，因此藉著編書的機會，禁止、燒毀了三千多種書籍。

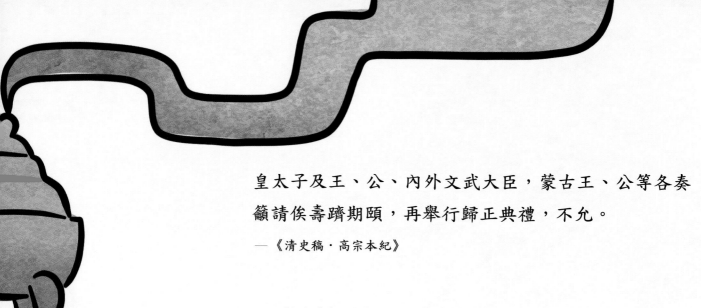

皇太子及王、公、內外文武大臣，蒙古王、公等各奏籲請俟壽躋期頤，再舉行歸正典禮，不允。

——《清史稿·高宗本紀》

　　乾隆中年以後，逐漸開始好大喜功。他曾經六度下江南遊玩，大興土木，耗用了國家的人力和物力，原本為人稱頌的「康雍乾盛世」，也由此開始由盛轉衰。

　　乾隆在位時期，國家封閉，並排斥外來文化，不但持續對天主教實行禁教政策，對於傳教士、教徒也嚴加控制，因而傳教活動幾乎消失。在外交方面，乾隆採取「閉關自守」的鎖國政策，下令關閉了寧波、漳州等幾個通商口岸，只留下廣州和外國通商，限制了中國和外國之間的商品貿易。

　　乾隆實施「閉關自守」政策的同時，正是歐洲國家工業革命迅

速發展的時候，中國卻被孤立在工業革命之外。歐洲國家積極的想在中國開拓市場，也遭受到「閉關自守」政策的阻撓，使得中國和先進的西方國家的差距越來越大，對世界局勢的發展一無所知。

　　乾隆六十年，乾隆皇帝登上勤政殿，宣布立第十五皇子永琰為皇太子，並訂隔年為嗣皇帝嘉慶元年，嘉慶皇帝就是後來的清仁宗。

　　皇太子和王、公、內外文武大臣，以及蒙古王、公等人均提出奏請，希望乾隆滿一百歲時，再把掌管國家政事的大權交給嘉慶。但因當年乾隆從雍正手中接下帝位時，曾經發下在位時間絕不超越祖父康熙皇帝的誓言，因此他沒有答應大臣們的奏請。

　　不過，這並不代表乾隆便從此不干預政事。嘉慶即位後，乾隆仍然在幕後「訓政」。「訓政」就是所有國家大事，依然交由乾隆掌控，各項重要事務的裁決、降旨下詔，照舊使用乾隆的年號，直到四年之後，他去世為止。

# 孝賢純皇后

雍正五年，乾隆娶富察氏。乾隆二年十二月四日，在太和殿冊立富察氏為皇后。

富察氏出身於官宦世家，她的祖父是康熙時期的戶部尚書米思翰，父親是察哈爾總管李榮保，伯父是大學士馬齊，弟弟則是大學士傅恆。

孝賢純皇后是一位非常賢明的皇后，她不但知書達禮，孝敬公婆，也盡心照顧乾隆。夫妻兩人感情十分深厚。乾隆不但對她讚譽有加，還認為自己之所以能夠全心全意的處理國家政務、關心百姓生活，空閒時可以翻翻書籍、查查典章，全都是她的功勞。

孝賢純皇后的生活也很節儉，穿戴的衣帽上，從不綴上珍珠、翡翠等寶物，

后恭儉，平居以通草絨花為飾，不禦珠翠。歲時
以鹿羔氆氇製為荷包進上，仿先世關外遺製，示
不忘本也。上甚重之。——《清史稿·高宗孝賢純皇后傳》

而是以一般的通草絨花裝飾。她曾經送給乾隆一個荷包，荷包不是
以金絲銀線縫製，而是以羊皮製作的。這是仿造當初滿人還在關外
時的製法，顯示了孝賢皇后不忘本的用意。因此，乾隆十分珍愛那
個荷包。

　　孝賢純皇后生的兩個兒子二皇子永璉、七皇子永琮頗受乾隆的
喜愛，先後被他密立為皇太子。不過，永璉和永琮都不幸夭折了，
因此讓皇后悲傷成疾。

　　乾隆十三年，孝賢純皇后隨乾隆東巡時，在途中去世，享年
三十七歲。乾隆悲痛萬分，日夜不停趕路，親自護送棺木回京。

　　皇后的過世，讓乾隆非常難過，曾寫了一首賦，回憶兩人之間
相處的點滴。乾隆也因此感慨「信人生之如夢兮，了萬事之皆虛」，
認為皇后的過世，讓他理解了人生就如同一場夢境，什麼都是空虛
的。乾隆與孝賢皇后之間的深情，由此可知。

大行皇后梓宮至京，奉安於長春宮。上輟朝九日。

——《清史稿·高宗本紀》

　　梓宮是指皇后所使用，以梓木製作的棺材。當孝賢純皇后的梓宮送回京城後，乾隆將梓宮停放在她生前居住的寢宮長春宮內，九天沒有上朝，穿了十二天的白衣，表示哀悼，並每天到皇后的靈前祭酒。

　　乾隆還命天下的臣民一律為皇后的去世而服喪，並下令長春宮不再讓任何人居住，宮內仍然按照孝賢皇后生前居住的樣子擺設，把她的衣冠供放在裡面，以表示對孝賢皇后的懷念，還降旨親自定皇后的諡號為「孝賢」。當孝賢純皇后的梓宮移到景山觀德殿，乾隆還親臨祭酒。

　　後來，孝賢純皇后的梓宮暫時放置於東直門外靜安庄。之後的各種祭禮，乾隆無不親臨致祭——皇后的去世，讓乾

隆傷痛欲絕，追懷不已。

　　由於乾隆和孝賢純皇后的感情深厚，皇后的去世，讓乾隆的情緒和個性起了很大的變化，朝廷內外也起了幾場不小的風波。

　　首先倒楣的是長子永璜和三子永璋，因為他們兩個不是孝賢純皇后所生，當皇后去世時，乾隆認為他們沒有表現出悲傷的感情，因此非常生氣，多次嚴厲的訓斥兄弟兩人，甚至還對外宣稱「這兩個人絕不能繼承大業」。

　　接著遭殃的是皇子們的師傅、諳達，這兩者都是宮廷內的官職，負責教育太子。包括和親王弘晝、大學士來保，以及侍郎鄂容安等人，乾隆認為他們沒有將皇子們教好，才會發生「屆喪未能盡禮」的情形，因而讓他們受到罰俸的處分。

　　當孝賢純皇后入葬到裕陵時，乾隆親自護送，並親眼看著皇后葬入地宮內。從此以後，乾隆每次前去謁陵，一定會在孝賢純皇后的陵前，為她獻酒、吟詩。

# 和珅

　　和珅剛開始當官時，精明能幹，為政清廉，一心要報效國家，和朝廷中幾位清官一起打擊貪官汙吏。憑藉著他的才幹，和珅一步一步獲取乾隆的信任，仕途一片光明。

　　和珅很有學問，也頗有語言天份，除了滿語、漢語外，還精通多種外國語言，在清朝的外交事務方面，佔有舉足輕重的職位，後來他能成為乾隆的寵臣，這也是原因之一。

　　當時，雲貴總督李侍堯是個很有能力的人，他不懼怕和珅，曾經當面指責、羞辱和珅，甚至在乾隆面前數落和珅的不是，因而得罪了和珅，遭到和珅的暗算。

　　乾隆四十五年二月，乾隆命令和珅等人到海寧查辦李侍堯的帳目。不久，和珅暗中串連其他官員，共同指控李侍堯貪汙，讓乾隆將李侍堯定了「判斬候監」的罪，李侍堯的所有財產都被和珅私吞，再加上乾隆的犒賞，和珅嘗到了家財萬貫的滋味。

　　處理了李侍堯的「貪汙」案，和珅鞏固了自己在朝中的地位，乾隆更是對他寵信有加，不但賞給和珅各種寶物，還把十公主嫁給

和珅柄政久，善伺高宗意，因以弄竊作威福，不附己
者，伺隙激上怒陷之；納賄者則為周旋，或故緩其事，
以俟上怒之霽。——《清史稿·和珅傳》

和珅的長子。和珅不僅成為皇親國戚，手中更握有大權，朝中百官
開始巴結和珅、賄賂和珅。

　　和珅受到乾隆的信賴，自己也狐假虎威起
來，仰仗皇帝的權勢作威作福。只要有誰不聽
從他的命令，和珅就會趁機挾怨報復，若是乖
乖送上金銀珠寶，和珅才會為他們向皇帝說情。

　　此時約是乾隆中晚期，也是貪汙風氣最盛
行的時刻。官員為了鞏固權位、並且獲得更多
的利益，彼此贈送貴重禮物，相互賄賂。這些
官員的手，伸進了國庫與老百姓的口袋中，奮
力搜刮，也導致了清朝國勢逐漸衰敗。

　　和珅享受了百官的奉承，接受了百官的賄
賂，隨著權力欲望的擴充，他無法持守當年清
廉的節操，禁不起錢與權的誘惑，終於踏上了
他的貪汙之途。

和珅繼用事，值高宗倦勤，怙寵貪恣，
卒以是敗。——《清史稿·和珅傳》

　　眼見和珅的權力不斷擴張，當時朝廷中一些清流派的大臣，曾
經多次對和珅提出彈劾，但由於乾隆的信賴與衵護，和珅總是能夠
化險為夷。在乾隆的庇護下，和珅不但官升得快、升得高，還常常
被乾隆交辦許多重要事務。

　　和珅的權力擴充後，私欲也越來越膨脹。他開始利用職務之便，
結交一些黨羽，從事有益於自己的事情，並且大肆的聚斂錢財，滿
足自己的金錢欲望。他還運用賄賂、恐嚇、暴力、脅迫等手段，籠
絡地方上的惡勢力，以打擊他政途上的敵人，鞏固自己的地位。

　　例如：和珅曾將觸手伸向商人和犯罪集團裡，迫使商人們向他
臣服，假如不服，就會遭到和珅指使的犯罪集團滅門。浙江一名富
商曾因為拒絕交幫費給和珅，在一夜之間，全家被殺光，財產全部

被掠奪。在當時，很多人因為和珅的喜惡而遭到冤死，人民的生活因此更加困苦。

乾隆掌權時，嘉慶看不慣和珅的貪婪作為，曾經彈劾過和珅。乾隆去世後，嘉慶即位五天，立即下令將和珅革職，並將他關進監獄裡。抄和珅的家時，發現他在當官的二十多年中，他所獲得的白銀、土地和房屋，總值加起來，超過了清朝政府十五年財政收入的總和。

嘉慶即位後第十五天，不但將和珅那批貪汙的黨羽一網打盡，並以一條白色的綾布，賜和珅自盡。

綜觀和珅自從政以來，在乾隆的寵信之下，他不僅是中國歷史上著名的權臣之一，也是中國歷史上資產最多的官員。更由於他玩弄權力、貪得無厭，被後來的人稱為權傾天下、富可敵國的「巨貪」。和珅能瞞天過海的主因之一，就是乾隆中晚期後倦於工作，於是把權柄交給寵信的大臣，養足他所有的欲望，從此種下了清朝的敗績。

# 嘉慶

　　嘉慶元年正月，乾隆舉行授受大典，立第十五皇太子永琰為嘉慶皇帝。尊稱乾隆為「太上皇」，國家的大事仍然得向他稟奏，各項政策由他裁決，下的詔書繼續使用他的年號。乾隆以「太上皇」名義掌朝的情形，一共持續了四年之久。嘉慶四年，乾隆去世了，嘉慶開始親政，那時，嘉慶已經三十九歲了。

　　嘉慶皇帝名叫永琰，是乾隆的第十五個兒子，母親是魏佳氏。乾隆五十四年時，被封為嘉親王。

　　清朝時，從雍正皇帝開始，就以「秘密建儲」的方式，指定皇位的繼承人。所謂「秘密建儲」，就是由皇帝將繼承人的名字寫在密封內，藏在宮內「正大光明」的牌匾後。等皇帝駕崩後，再由皇室宗親、王公大臣揭開、宣告，以密封內的人為皇位繼承人。

　　乾隆曾經先後立永璉和永琮為繼承人，不過永璉、永琮兩個人很早就去世了，所以乾隆直到晚年時，才第三次立繼承人

尊上為太上皇，軍國重務仍奏聞，秉訓裁決，大事降旨敕。──《清史稿·高宗本紀》

──第十五子永琰。

在乾隆的十七個兒子中，永琰排行十五，為什麼會讓他成為繼承人呢？乾隆雖然有十七個兒子，但是有七個不到十歲就去世了，另有三個雖然長大成人，卻也英年早逝！

在十七個兒子中，乾隆最寵愛的是皇后生的永璉和永琮，但是他們來不及長大就夭折了。永璜和永璋本來也有機會繼承皇位，但孝賢皇后去世時，乾隆以他們表現得不夠悲傷為由，十分震怒的宣稱「絕不能讓這兩個人繼承大業」，不但斷了兩人的繼承之路，永璜也因而去世。

在剩下的幾個兒子也不怎麼成材的情形下，乾隆只好將大清將山交給「表現既不突出，卻也很少犯錯」、「既沒什麼優點，卻又沒什麼缺點」的永琰──嘉慶皇帝手中！

仁宗初逢訓政，恭謹無違。迨躬蒞萬幾，鋤奸登善。
削平逋寇，捕治海盜，力握要樞，崇儉勤事，闢地移
民，皆為治之大原也。—《清史稿·仁宗本紀》

　　嘉慶對貪汙深惡痛絕，他親政之後，雖然立刻逮捕乾隆的寵臣
和珅，並將他賜死；但是除此之外，他沒有實際、具體的辦法以消
滅整個國家的貪汙風氣，所以懲罰的成效有限。最後，他還是無法
改變朝廷全面的腐化，也無力抵抗清朝國勢的逐日衰微。

　　嘉慶三年時，白蓮教發生抗爭事件。白蓮教的教主王三槐被抓
到北京接受審判時，在供詞裡曾經提到「官逼民反」，讓嚴格懲治
貪汙的嘉慶受到了很大的震撼，但他卻苦無良策。

　　嘉慶四年，也就是乾隆過世、嘉慶掌握大權時，他終於將貪汙
的和珅定罪，並且試圖挽回大清的頹勢，任用新的官員，並想以招
撫的方式，解決各地人民的起義與動亂。只是，嘉慶在位期間，官

吏貪汙的問題始終沒有解決，反而更加嚴重，而且還爆發了白蓮教和天理教的抗爭。

　　其中最驚險的一次，是嘉慶十八年時，天理教的陳爽等人，直接殺進宮中，差點危害了嘉慶的性命。雖然事件過後，嘉慶皇帝下令殺了天理教的主謀，卻無法力挽狂瀾。再者，其他國政、財務等弊病叢生，清朝的國勢於是逐漸走下坡。

　　在一次秋季打獵時，嘉慶到達熱河避暑山莊的隔天，因為天氣酷熱，旅途勞頓，不堪負荷，引發心血管疾病而猝死，他實際掌政的時間只有二十一年。

　　總觀嘉慶皇帝即位的二十多年期間，一開始在乾隆仍掌權時，他的態度非常恭謹，不敢違背乾隆的命令。等到乾隆過世，正式握有大權後，可以發現嘉慶皇帝想勵精圖治的理想，也可以看到他為了剷除貪官的用心，此外也積極平亂，勤於政事，不敢懈怠。他的用心良苦，仍然無法延續康雍乾盛世，也無法抵擋衰敗的命運。

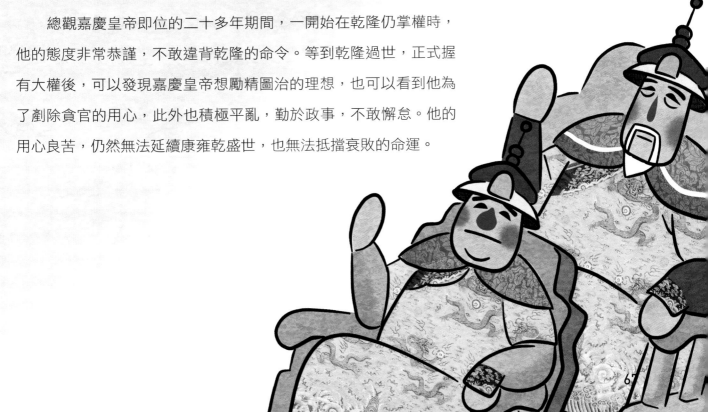

# 當清高宗的朋友

清高宗乾隆從小聰明伶俐，遇到危難時仍沉著冷靜，深獲長輩的喜愛。即位後，不但延續了祖父康熙與父親雍正的盛世，也開創了許多影響後世的政績。他對外拓展了清朝版圖，在位期間的國土是清朝將近三百年中最廣大的時期。對內則是貿易興盛，人口成長，更別說那套知名的《四庫全書》，為後代研究者蒐集了豐富的文獻。他還熱愛文學藝術，喜歡題詩，也喜歡作畫。這麼一個文武兼備的皇帝，又開創了繁華盛世，彷彿是天下最完美的人了。

只是，如此完美的表現，卻仍無法掩蓋他為了控制人民的思想，而把士人送進監牢甚至殺害的行為，也無法抵擋他逐日倦勤懈怠，還得意洋洋的炫耀這些治績，揮霍鉅資奢侈享受。這就是乾隆盛世之下的好與壞。

當乾隆的朋友，你會佩服他的膽識，那種開疆闢土的雄心壯志；以及他體恤人民百姓，給予賑濟或減稅的措施；當然，還有他對於詩詞繪畫的慧眼欣賞，不只是一個只懂得用兵而無法欣賞藝術的莽夫。

當乾隆的朋友，你也會發現並非每個人都有雅量，能夠容許異議的存在。你會發現看起來威風八面的皇帝，其實很害怕、很討厭人民的批評，因為那總是會讓皇帝恐懼地位是否不保；事實上也很容易自滿，驕傲的想向全世界廣播自己的成就。

當乾隆的朋友，他所能讓你學習的，也許不只是那些豐功偉業。而是讓你看到了，無論多麼輝煌的朝代，一旦鬆懈，一旦自滿，便很容易瓦解，成為歷史裡的一陣煙。

# 我是大導演

看完了清高宗的故事之後，
現在換你當導演。
請利用紅圈裡面的主題（十全老人），
參考白圈裡的例子（例如：文字獄），
發揮你的聯想力，
在剩下的三個白圈中填入相關的詞語，
並利用這些詞語畫出一幅圖。

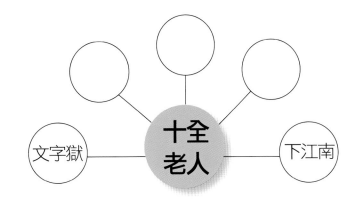

経典
少年遊
youth.classicsnow.net

◎ 少年是人生開始的階段。因此，少年也是人生最適合閱讀經典的時候。
因為，這個時候讀經典，可以為將來的人生旅程準備豐厚的資糧。
因為，這個時候讀經典，可以用輕鬆的心情探索其中壯麗的天地。

◎ 【經典少年遊】，每一種書，都包括兩個部分：「繪本」和「讀本」。
繪本在前，是感性的、圖像的，透過動人的故事，來描述這本經典最核心的精神。
小學低年級的孩子，自己就可以閱讀。
讀本在後，是理性的、文字的，透過對原典的分析與說明，讓讀者掌握這本經典最珍貴的知識。
小學生可以自己閱讀，或者，也適合由家長陪讀，提供輔助說明。

### 001 黃帝　遠古部落的共主
The Yellow Emperor:The Chieftain of Ancient Tribes
故事／陳昇群　原典解說／陳昇群　繪圖／BIG FACE
遠古的黃河流域，衰弱的炎帝，無法平息各部族的爭戰。在一片討伐、互鬥的混亂局勢裡，有個天生神異，默默修養自己的人，正準備崛起。他，就是中華民族共同的祖先，黃帝。

### 002 周成王姬誦　施行禮樂的天子
Ch'eng of Chou:The Establishment of Chinese Etiquette
故事／姜子安　原典解說／姜子安　繪圖／簡漢平
年幼即位的周成王，懷抱著父親武王與叔叔周公的期待，與之後繼位的康王，一同開創了「成康之治」。他奠定了西周的強盛，開啟了五十多年的治世。什麼刑罰都不需要，天下無事，安寧祥和。

### 003 秦始皇　野心勃勃的始皇帝
Ch'in Shih Huang:The First Emperor of China
故事／林怡君　原典解說／林怡君　繪圖／LucKy wei
綿延萬里的長城、浩蕩雄壯的兵馬俑，已成絕響的阿房宮……這些遺留下來的秦朝文物，代表的正是秦始皇的雄心壯志。但是風光的盛世下，卻是秦始皇實行暴政的證據。他在統一中國時，也斷送了秦朝的前程。

### 004 漢高祖劉邦　平民皇帝第一人
Kao-tsu of Han:The First Peasant Emperor
故事／姜子安　故事／姜子安　繪圖／林家棟
他是中國第一個由平民出身的皇帝，為什麼那麼多人都願意為他捨身賣命？憑什麼他能和西楚霸王項羽互爭天下？劉邦是如何在亂世中崛起，打敗項羽，成為漢朝的開國皇帝？

### 005 王莽　爭議的改革者
Wang Mang:The Controversial Reformer
故事／岑澎維　原典解說／岑澎維　繪圖／鍾昭弋
臣民都稱呼他為「攝皇帝」。因為他的實權大大勝過皇王。別以為這樣王莽就滿足了，他覬覦的可是真正的君王寶位。於是他奪取王位，一手打造全新的王朝。他的內心曾裝滿美好的願景，只可惜最終變成空談。

### 006 北魏孝文帝拓跋宏　民族融合的推手
T'o-pa Hung:The Champion of Ethnic Melting
故事／林怡君　原典解說／林怡君　繪圖／江長芳
孝文帝來自北魏王朝，卻嚮往南方。他最熱愛漢文化，想盡辦法要讓胡漢兩族的隔閡減少。他超越了時空的限制，不同於一般君主的獨裁專制，他的深思遠見、慈悲寬容，指引了一條民族融合的美好道路。

### 007 隋煬帝楊廣　揮霍無度的昏君
Yang of Sui:The Extravagant Tyrant
故事／劉思源　原典解說／劉思源　繪圖／榮馬
楊廣從哥哥的手上奪走王位，成為隋煬帝。他也從一個父母眼中溫和謙恭的青年，轉而成為嚴格殘酷的帝王。這個任意妄為的皇帝，斷送了隋朝的未來，留下昭彰的惡名，卻也樹立影響後世的功績。

### 008 武則天　中國第一女皇帝
Wu Tse-t'ien:The only Empress of China
故事／呂淑敏　原典解說／呂淑敏　繪圖／麥震東
她不只想當中國第一個女皇帝，她還想開創自己的朝代，把自己的名字深深的刻在歷史的石碑上。她還想改革政治，找出更多人才為國家服務。她的膽識、聰明與自信，讓她註定留名青史，留下褒貶不一的評價。

◎ 【經典少年遊】，我們先出版一百種中國經典，共分八個主題系列：
詩詞曲、思想與哲學、小說與故事、人物傳記、歷史、探險與地理、生活與素養、科技。
每一個主題系列，都按時間順序來選擇代表性的經典書種。

◎ 每一個主題系列，我們都邀請相關的專家學者擔任編輯顧問，提供從選題到內容的建議與指導。
我們希望：孩子讀完一個系列，可以掌握這個主題的完整體系。讀完八個不同主題的系列，
可以不但對中國文化有多面向的認識，更可以體會跨界閱讀的樂趣，享受知識跨界激盪的樂趣。

◎ 如果說，歷史累積下來的經典形成了壯麗的山河，那麼【經典少年遊】就是希望我們每個人
都趁著年少，探索四面八方，拓展眼界，體會山河之美，建構自己的知識體系。
少年需要遊經典。
經典需要少年遊。

**009 唐玄宗李隆基　盛唐轉衰的關鍵**
Hsuan-tsung of T'ang:The Decline of the T'ang Dynasty
故事／呂淑敏　原典解說／呂淑敏　繪圖／游峻軒
他開疆闢土，安內攘外。他同時也多才多藝，愛好藝術音樂，還能譜曲演戲。他就是締造開元盛世的唐玄宗。他創造了盛唐的宏圖，卻也成為國勢衰敗的關鍵。從意氣風發，到倉皇逃難，這就是唐玄宗曲折的一生。

**010 宋太祖趙匡胤　重文輕武的軍人皇帝**
T'ai-tsu of Sung:The General-turned-Scholar Emperor
故事／林哲璋　原典解說／林哲璋　繪圖／劉育琪
從黃袍加身到杯酒釋兵權，趙匡胤抓準了時機，從軍人成為實權在握的開國皇帝。眼見藩鎮割據的五代亂象，他重用文人，集權中央。他開啟了平和的大宋時期，卻也為之後的宋朝埋下被外族侵犯的隱憂。

**011 宋徽宗趙佶　誤國的書畫皇帝**
Hui-tsung of Sung:The Tragic Artist Emperor
故事／林哲璋　原典解說／林哲璋　繪圖／林心雁
他不是塊當皇帝的料，玩物喪志的他寧願拱手讓位給敵國，只求能夠保全藝術珍藏。宋徽宗的多才多藝，以及他的極致享樂主義，都為我們演示了一個富有人格魅力、一段段充滿人文氣息的小品集。

**012 元世祖忽必烈　草原上的帝國霸主**
Kublai Khan:The Great Khan of Mongolia
故事／林安德　原典解說／林安德　繪圖／AU
忽必烈——草原上的霸主！他剽悍但不霸道，他聰明而又包容。他能細心體察冤屈，揚善罰惡；他還能珍惜人才，廣聽建言。他有著開闊的胸襟和寬廣的視野，這個馳騁草原的霸主，從馬上建立起一塊遼遠的帝國！

**013 明太祖朱元璋　嚴厲的集權君王**
Hongwu Emperor:The Harsh Totalitarian
故事／林安德　原典解說／林安德　繪圖／顧珮仙
從一個貧苦的農家子弟，到萬人臣服的皇帝，朱元璋是怎麼辦到的？他結束了亂世，將飽受戰亂的國家，開創另一個新局？為什麼歷史評價如此兩極，既受人推崇，又遭人詬病，究竟他是一個好皇帝還是壞皇帝呢？

**014 清太祖努爾哈赤　滿清的奠基者**
Nurhaci:The Founder of the Ch'ing Dynasty
故事／李光福　原典解說／李光福　繪圖／蘇偉宇
要理解輝煌的清朝，就不能不知道為清朝建立基礎的努爾哈赤。他在明朝的威脅下，統一女真部落，建立後金。當他在位時期，雖然無法成功消滅明朝，但是他的後人創立了清朝，為中國歷史開啟了新的一頁。

**015 清高宗乾隆　盛世的十全老人**
Ch'ien-lung:The Great Emperor of the Golden Age
故事／李光福　原典解說／李光福　繪圖／唐克杰
乾隆在位時期被稱為「康雍乾盛世」，然而他一方面大興文字獄，一方面還驕傲的想展現豐功偉業，最終讓清朝國勢日漸走下坡。乾隆讓我們看到了輝煌與鼎盛，也讓我們看到盛世下的陰影，日後的敗因。

經典
少年遊

youth.classicsnow.net

015
清高宗乾隆　盛世的十全老人
Ch'ien-lung
The Great Emperor of the Golden Age

編輯顧問（姓名筆劃序）
王安憶　王汎森　江曉原　李歐梵　郝譽翔　陳平原
張隆溪　張臨生　葉嘉瑩　葛兆光　葛劍雄　鄭培凱

故事：李光福
原典解說：李光福
繪圖：唐克杰
人時事地：李忠達

編輯：張瑜珊 張瓊文 鄧芳喬
美術設計：張士勇
美術編輯：顏一立
校對：陳佩伶

企畫：網路與書股份有限公司
出版者：大塊文化出版股份有限公司
台北市10550南京東路四段25號11樓
www.locuspublishing.com
讀者服務專線：0800-006689
TEL：+886-2-87123898
FAX：+886-2-87123897
郵撥帳號：18955675
戶名：大塊文化出版股份有限公司
法律顧問：全理法律事務所董安丹律師

總經銷：大和書報圖書股份有限公司
地址：新北市新莊區五工五路2號
TEL：+886-2-8990-2588
FAX：+886-2-2290-1658
製版：沈氏藝術印刷股份有限公司

初版一刷：2013年2月
定價：新台幣299元